DE L'IMPOT DES BOISSONS.

Par Napoléon Le Mesl,
(DES CÔTES-DU-NORD).

DÉDIÉ

A M. BOURSY,

MAITRE DES REQUÊTES, DIRECTEUR, PRÉSIDENT DU CONSEIL DE L'ADMINISTRATION DES CONTRIBUTIONS INDIRECTES.

PARIS.
CHEZ PAUL DUPONT, LIBRAIRE,
RUE DE GRENELLE SAINT-HONORÉ, N° 55.

1834.

DE L'IMPOT DES BOISSONS,

Par N. Le Mesl

[illegible] CÔTES-DU-NORD);

PRIX [illegible] C. FRANC DE PORT (AFFRANCHIR);

CHEZ PAUL DUPONT,

LIBRAIRE,

Rue de Grenelle-St-Honoré, 55, à Paris.

PROSPECTUS.

A l'époque des grandes commotions politiques, les systèmes financiers qui n'ont pas pour eux la sanction du temps sont l'objet d'attaques aussi injustes que passionnées. A peine la révolution de juillet avait-elle éclaté, que la taxe des boissons était en butte, non seulement aux déclamations de quelques écrivains tout-à-fait étrangers au mécanisme de l'impôt, mais encore à la critique amère d'hommes d'état, qui, versés pourtant dans la science de l'économie sociale, proclamaient des principes dont l'expérience avait démontré la fausseté.

On a cherché à détruire les *Exercices*, et, s'ils sont consacrés par la législation, c'est qu'il est évident qu'aucun autre mode de perception ne peut s'asseoir à leur place. On a indignement calomnié les agens des contributions indirectes; mais la vérité doit triompher tôt ou tard, et, à l'heure qu'il est, l'opinion publique commence à les entourer de la considération qu'ils méritent et que les préjugés s'obstinaient à leur refuser.

Jusqu'ici la question de l'impôt des boissons n'avait pas été envisagée sous tous ses aspects : l'esprit de parti l'avait enveloppée dans des préventions que la marche du temps et les progrès des lumières dissiperont infailliblement.

Un jeune écrivain, M. N. Le Mesl, tout en considérant cette taxe sous les rapports politique, moral et financier, a répondu aux adversaires du corps auquel il appartient, et, s'appuyant sur l'autorité des faits et sur les armes du raisonnement, a réfuté, d'une manière peut-être victorieuse, tous les systèmes que l'on aurait voulu substituer aux *Exercices*. Puis il propose quelques modifications à introduire dans la législation actuelle, et termine son ouvrage par une chaleureuse défense du personnel de la régie des contributions indirectes.

Son travail, fruit de longues recherches et de profondes méditations, lui a valu des témoignages de satisfaction émanés des plus hautes spécialités de l'état.

PARIS. — IMPRIMERIE DE PAUL DUPONT ET Cie,
Rue de Grenelle-St-Honoré, n. 55.

DE L'IMPOT

DES BOISSONS

Par Napoléon Le Mesl,

(DES CÔTES-DU-NORD).

DÉDIÉ

A M. BOURSY,

MAITRE DES REQUÊTES, DIRECTEUR, PRÉSIDENT DU CONSEIL
DE L'ADMINISTRATION DES CONTRIBUTIONS INDIRECTES.

PARIS.

CHEZ PAUL DUPONT, LIBRAIRE,

RUE DE GRENELLE SAINT-HONORÉ, N° 55.

1834.

DE L'IMPOT
DES BOISSONS.

Les boissons sont matière imposable.
(*Laffitte.*)

De nos jours, il n'est pas de questions qui n'aient été agitées, soit par la tribune, soit par le journalisme, écho plus ou moins fidèle des besoins de notre époque. Souvent, l'esprit de parti s'est imposé la tâche de dénaturer, à l'aide de discussions passionnées, les objets soumis à l'appréciation de l'opinion publique ; souvent, des populations, égarées par les séides de l'anarchie, ont eu recours à la force brutale, à la révolte, pour faire entendre leurs plaintes, leurs réclamations. Mais dans un pays comme le nôtre, où les classes inférieures ont soif de repos, d'instruction ; où des écrivains consciencieux, amis de leur patrie, consacrent leurs talens, leurs veilles à populariser les idées d'ordre, de bien-être général, il est impossible que le règne des sophismes soit de longue durée : la raison publique en fera tôt ou tard justice. Aussi, notre société, qui est tourmentée d'un malaise dont elle ne peut se rendre compte, commence-t-elle à sentir le besoin de la tranquillité, qui est l'ame du commerce, des arts et des sciences.

Depuis long-temps, l'impôt des boissons est le levier

dont se servent les partis pour chercher à ébranler les masses. Depuis long-temps, cet impôt est l'objet d'attaques, quelquefois modérées, mais le plus souvent empreintes d'un caractère de violence dont il ne serait pas difficile de saisir le but secret. Dieu merci, si des réclamations sont encore produites à ce sujet, elles ne marchent plus à la tête de l'émeute. On sait enfin que des voies légales sont ouvertes aux personnes dont les droits seraient lésés, et que la révolte nuit essentiellement au triomphe des causes qui l'appellent à leurs secours.

Il est temps que les agens des contributions indirectes prennent la parole pour soutenir leurs actes, leur conduite; qu'ils jettent, dans la balance de la controverse, le poids des connaissances qu'ils doivent à des études spéciales, journalières, à une expérience que rien ne saurait remplacer. Mais il est de mon devoir de déclarer, tout d'abord, que j'entre dans la lice sans mandat de mon administration. Je ne reçois d'autres inspirations que celles de ma conscience; je n'ai d'autre désir que celui de rendre service à mes compatriotes. Si donc quelques erreurs s'échappaient dans le cours de la discussion à laquelle je me vais livrer, elles devraient retomber sur moi-même et non sur la Régie à laquelle j'appartiens. Ce ne serait certes pas moi qu'elle choisirait pour son avocat.

Les boissons, a-t-on dit, ne sont pas matière imposable; produits de notre sol, elles doivent être rangées dans la catégorie des objets de *première nécessité.*

Tous les bons économistes sont partisans d'un impôt de consommation; car, en effet, la consommation que fait un individu peut être regardée comme la marque la plus certaine de ses ressources pécuniaires. D'ailleurs, comme on l'a cent fois répété, si l'état, pour subvenir à ses dépenses, ne puisait qu'à la source de la fortune territoriale, le riche capitaliste, l'étranger qui vient visiter notre sol, admirer les merveilles de nos arts, ne supporteraient donc pas leur part des charges de la France ? Et, supposons un instant que l'impôt indirect ne figurât pas à notre code financier, et qu'une coalition européenne éclatât contre nous, où irait-on chercher les sommes nécessaires pour approvisionner nos forteresses, pour organiser une armée qui fût capable de défendre l'indépendance nationale, menacée par un million de baïonnettes étrangères ? Serait-ce sur la propriété ? mais elle serait écrasée sous le poids des impôts dont on l'aurait déjà frappée. Serait-ce chez l'industrie ? mais la guerre l'aurait bientôt ruinée. La France, dont le passé est si glorieux, se verrait donc forcée, après avoir pourtant remporté quelques victoires, de se livrer, pieds et poings liés, à un ennemi qui ne devrait son triomphe qu'à la prospérité de son revenu public. L'histoire est là pour démontrer que beaucoup de peuples ont été vaincus, parce qu'au jour du danger ils n'ont pas eu sous la main assez de ressources pour faire face aux dépenses exigées pour l'organisation et l'entretien de leurs armées. De cette observation, que tous les siècles ont faite, est né cet axiôme qui, à force de vérité, est devenu vulgaire, et qui est un des principes fondamentaux de la science militaire : l'argent est le nerf de l'armée. Aussi, maintenant est-il reconnu qu'un système d'impôts sagement combiné doit, en temps de paix, beaucoup exiger de la contribution indirecte, dont le chiffre est relatif à l'aisance publique; car, lorsque la guerre éclate, la propriété, qui est toujours saisissable, entre forcément pour une large part dans les recettes de l'état. Le salut de la patrie repose alors sur la propriété. Réservons donc, jusqu'aux temps de ces crises dont le résultat décide des destinées des nations, un moyen aussi puissant d'assurer l'indépendance de notre sol. L'Angleterre qui, aux yeux de certains publicistes, est la planète vers laquelle nous devrions graviter, l'Angleterre qui, selon l'opinion du général Thiard, a des institutions qui ne savent favoriser que le pauvre, demande chaque année à ses contributions indirectes 820 millions, tandis que la France, qu'on nous représente comme l'ennemie de l'amélioration du sort des classes souffrantes, ne retire de cette nature d'impôts que 300 millions.

Je crois avoir suffisamment fait apprécier la justice d'un impôt de consommation et les avantages des impôts indirects, et je le demande à tout homme de sens dont l'opinion n'est l'esclave ni des intérêts de localités, ni des impulsions de coteries : quelle est la matière de grande consommation qui soit plus imposable que la boisson? Je n'en connais pas. Aussi faut-il remonter presque à la naissance de la monarchie française pour trouver l'époque où ce produit de notre sol fut soumis à des droits, dont le tarif, dans l'origine, variait de province à province. En vain objectera-t-on contre cet impôt qu'il pèse sur un objet de *première nécessité*. Je répondrai qu'il existe en France un nombre immense de personnes qui ne font aucun usage de boissons spiritueuses, et dont la santé n'en éprouve aucune atteinte. Je concevrais que ce reproche fût adressé aux droits qui frappent les sels; mais je ne puis l'admettre lorsqu'il s'agit d'une matière dont l'usage est facultatif, et dont les effets font tous les jours la honte de l'humanité.

Et ici, j'éprouve le besoin de repousser avec force une attaque qui a été, dans ces derniers temps, dirigée contre l'impôt des boissons. On l'a qualifié d'immoral.

Si ce grief était fondé, si les droits que les employés des contributions indirectes sont chargés de percevoir étaient recueillis dans la fange de l'immoralité du siècle, oh! alors, je m'expliquerais la vertueuse indignation qui s'empare de certaines personnes lorsqu'elles s'attaquent à mon administration. Moi-même, je m'élèverais avec chaleur, dans l'intérêt de la morale publique et de la gloire de mon pays, contre l'impôt dont je suis l'un des agens. Une nation qui se respecte et qui veut avoir de l'avenir, ne doit jamais faire entrer dans son code des dispositions législatives dont le but est de donner, pour ainsi dire, droit de cité à des vices qui dégradent l'espèce humaine. Mais il faut que quelques-uns de nos adversaires, aveuglés qu'ils sont par l'esprit de parti, ne sachent pas rendre justice aux progrès que les lumières ont faits, depuis 40 ans, en France, puisqu'ils s'imaginent que de semblables absurdités peuvent trouver des échos dans notre pays. Les masses sont intelligentes; elles ne se soulèveront plus pour soutenir des principes qui sont inaccessibles à leur raison. Quoi! la morale publique serait détruite, l'état marcherait à grands pas vers cette corruption complète qui annonce la fin des empires, si l'ivrognerie ne pouvait plus ravaler l'homme au niveau de la brute, si elle était à jamais bannie de de notre territoire ! Quoi ! les Romains qui accordaient aux maris la faculté de tuer leurs femmes lorsqu'elles se livraient à ce vice honteux qui en engendre toujours quelques autres, les Grecs qui, pour inspirer à leurs enfans une horreur salutaire pour la passion de l'ivrognerie, forçaient quelquefois les ilotes à se plonger dans tous les excès de l'ivresse; ces deux grands peuples, dont les vertus et la gloire jettent un si vif éclat sur les temps anciens, n'avaient que des lois dictées par le génie du mal, et dont les effets étaient de corrompre l'espèce humaine !..... Voilà, pourtant, les conséquences qui découlent des principes posés par nos adversaires. Défenseurs exclusifs des intérêts matériels, ils adressent à l'impôt le tort grave de nuire à la consommation, en élevant le chiffre de la vente en détail des boissons. Pour combattre avec plus de succès les systèmes qui ont voulu s'asseoir à la place des exercices, j'adopte, pour quelque temps, cette opinion, que je réfuterai plus tard. Or, n'est-il pas incontestable que les désordres occasionnés par l'ivrognerie sont toujours relatifs au prix des liquides? Les droits perçus sur les boissons ont donc un but moral, puisqu'ils devraient atténuer les effets de cette passion désordonnée dans les lieux où l'on va perdre sa fortune, sa santé et sa raison. Je suis donc en droit d'avancer que nous autres, avocats de l'impôt contre lequel nos adversaires auraient voulu organiser une croisade, nous marchons sous la bannière de la morale, et qu'eux, au contraire, prêchent des principes désorganisateurs de toute société.

Mais quel est le mode de perception qui présente le plus d'avantages et le moins d'inconvéniens?

Cette question a été l'objet de mes plus profondes méditations. J'ai lu tout ce qui pouvait me conduire à la découverte de la vérité; j'ai étudié les nombreux systèmes qui ont été produits, à ce sujet, dans ces derniers temps, et qui tous avaient la noble prétention de concilier les intérêts du trésor avec ceux des contribuables et avec la liberté qu'on doit accorder au commerce; j'ai vu de brillantes théories qui auraient rencontré, dans la pratique, des obstacles que leurs auteurs n'avaient peut-être pas prévus; j'ai examiné des projets qui avaient été inspirés par la plus pure philantropie; mais aussi j'ai été souvent indigné en parcourant des pages dont le but évident était de remuer les passions et de livrer nos grandes cités aux horreurs de la guerre civile. Je ne me suis pas arrêté aux idées des fauteurs de désordres; je n'ai pas adopté les principes qui ont été posés par quelques amis de l'humanité. Je suis intimement convaincu que le système des exercices dont je suis le premier à reconnaître les inconvéniens, est celui qui répond le mieux au besoin que nous éprouvons tous de répartir l'impôt d'après les lois de l'équité et l'esprit de notre constitution. Je sais que ce système est susceptible d'éprouver de notables améliorations, que je signalerai plus tard; je sais aussi qu'en soutenant la thèse que j'ai avancée, je ne dois pas m'attendre à trouver des sympathies chez les personnes qui n'ont pas la force nécessaire pour dégager leur esprit des liens des préventions et des préjugés; je n'ignore pas qu'une sorte d'impopularité s'attache à la cause que je vais plaider:

tout cela ne peut m'empêcher de parler avec une entière indépendance.

Et d'abord, un principe dont nos adversaires mêmes seront forcés de reconnaître l'exactitude, c'est qu'un impôt de consommation, comme celui qui pèse sur les boissons, doit atteindre tous les consommateurs. Voilà un des argumens à l'aide desquels je me propose de réfuter les différens systèmes qu'on a voulu substituer aux exercices.

Je dois l'avouer, le projet qui a trouvé le plus de faveur auprès des hommes livrés à l'étude de l'économie politique, est celui qui consistait à établir, dans les villes dont la population excéderait 4,000 ames, une taxe unique aux entrées, et à régir les campagnes par des abonnemens qu'on eût imposés aux personnes qui s'adonnent au commerce des boissons. Ce système, au premier coup d'œil, a quelque chose de séduisant, et je ne suis pas étonné qu'il ait été accueilli, comme par acclamation, non seulement par des écrivains qui ont voué une haine éternelle aux exercices, mais encore par d'honorables députés qui, sans être les ennemis du mode de perception en vigueur actuellement, sont toujours disposés à prêter l'appui de leur talent aux innovations qui ont pour but de favoriser le commerce, et de soulager la misère des classes souffrantes. Un léger examen de ce système suffira pour en faire ressortir les inconvéniens et l'inconstitutionnalité.

Les exercices sont supprimés; plus d'entraves à la circulation des boissons, plus de perquisitions à craindre de la part des agens du fisc; pour prix des services qu'ils ont rendus à l'état, ils sont renvoyés dans leurs foyers, on ne leur a accordé aucune pension, aucune indemnité; on ne s'est pas donné la peine de s'enquérir si leur avenir n'est pas entièrement détruit ; si les sacrifices qu'ils ont faits pour entrer dans une carrière qui devait leur être bientôt fermée, n'ont pas épuisé leurs ressources pécuniaires. Fi donc ! Est-ce que des considérations aussi puériles ont le pouvoir de frapper l'esprit de certains législateurs ? Ils sont tout à l'humanité. Peu leur importe qu'une classe de citoyens soit livrée aux angoisses de la misère !.... Peut-être, en regardant les employés licenciés à travers le microscope de M. Mille, les voient-ils tous nageant dans l'opulence; peut-être aussi, sur la foi du rapport que cet écrivain impartial a fourni sur leur compte, les considèrent-ils comme les *sangsues du genre humain.* Quoiqu'il en soit, nous nous sommes trop long-temps arrêtés à la question de personnes. Elle ne vaut pas la peine qu'on l'agite.

Les exercices donc ne figurent plus dans nos codes ; mais il existe toujours un impôt sur les boissons. Comment en assigner sa part à chaque débitant de la campagne ? Il est des personnes qui ont à leur disposition toute sorte d'expédiens et qui me répondront : « Il faut charger de ce soin les conseils municipaux ». Allons, Messieurs les députés des communes, vous voilà érigés en répartiteurs des droits auxquels les liquides sont soumis. Mettez-vous à l'œuvre ; mais, croyez-moi, armez-vous de patience. La tâche qui vous est imposée est épineuse. Si vous vous en acquittez sans troubler la paix qui règne dans vos campagnes, vous mériterez tous les honneurs de l'apothéose. Il ne s'agit pas ici d'émettre votre avis sur l'utilité d'une route vicinale à ouvrir, d'une aile d'église à édifier, d'un bâtiment public à restaurer, d'une école primaire à organiser, d'une fontaine dont vos commettans vous demandent le sacrifice. Des affaires plus graves sont livrées à vos méditations et à votre sagesse. Chacun de vous, après de longues réflexions qui ne lui ont pas fait faire un pas de plus vers la découverte de la vérité, a fixé la somme que chaque débitant doit payer au trésor. Entendez-vous cette clameur de réclamations ? En ame et conscience, vous aviez réparti le chiffre de l'impôt; vous vous figuriez que tout le monde accueillerait par des bravos un travail qui vous a coûté tant de soins et de sollicitudes. Vous ne vous étiez laissé influencer par aucune considération personnelle, par aucun désir de vengeance : eh bien, prêtez l'oreille aux reproches qui vous sont adressés. On vous traite d'hommes injustes; on dit hautement que vous favorisez l'un aux dépens de l'autre; il n'est pas d'épithètes injurieuses dont on ne vous gratifie, des menaces mêmes sont dirigées contre vous. Les imaginations s'enflamment; les femmes se mettent à la tête des mécontens, et une émeute, au petit pied, s'organise, éclate dans vos bourgs; fuyez, fuyez la salle de vos délibérations, si vous ne voulez pas être les victimes de l'exaltation populaire.

Mais aussi, pourquoi, sans renseignemens précis, sans données au moins approximatives, avez-vous été assez imprudens pour clore un travail dont n'auraient pas voulu se charger les employés des contributions indirectes, qui, appelés par état à constater la consommation qui se fait dans chaque lieu de débit, ne pourraient fixer, sans s'exposer à commettre des erreurs graves, la somme que chaque assujéti doit compter au trésor, si, pour les guider, ils n'avaient pas le secours de leurs portatifs? Tenez, il me vient une idée lumineuse. Si l'existence a des charmes pour vous, si vous ne voulez pas être en butte à des soupçons de partialité dont votre honneur et votre délicatesse vous devraient préserver, si vous êtes jaloux de mériter l'approbation de quelques débitans, si le mandat dont vous êtes déjà investis sourit agréablement à votre amour-propre; si, enfin, aux prochaines élections, vous avez besoin, pour triompher, des voix des cabaretiers, je suis persuadé que vous vous empresserez de mettre en pratique le système que je vais avoir l'honneur de vous soumettre. Etablissez-vous en permanence dans chaque auberge. Munissez-vous d'un cahier sur lequel vous inscrirez exactement les bouteilles de vins, de cidres d'eaux-de-vie, qui s'y consomment. Il sera indispensable que vous preniez note des prix de vente.

Au bout de quelques mois de séjour, dans ces lieux où vous respirerez à l'aise la fumée du tabac, le parfum de l'ivrognerie, où vous assisterez à bien des scènes bachiques, à bien des disputes, des combats, où vous entendrez des propos qui ne sont pas toujours frappés au coin de la politesse, vous pourrez enfin faire quelque chose de raisonnable, un abonnement plus sage que la société qui se sera agitée sous vos yeux.

Mais ce n'est pas tout. Les auberges ne sont pas à l'abri des vicissitudes humaines. Tel établissement prospère aujourd'hui, qui demain ne fera entendre au propriétaire qu'un silence qui l'effraie : rien n'est plus capricieux que la gent consommatrice. Messieurs les conseillers municipaux, vous êtes trop justes pour ne pas opérer le dégrèvement qu'on réclame. Mais, aussi, vous êtes trop initiés aux mystères du cœur humain, vous l'avez vu trop à découvert, pour faire droit, sans enquête aucune, à la demande qui vous est adressée. Retournez encore au cabaret. Mais une difficulté bien grave se présente. Un de vos concitoyens vient d'arborer enseigne et bouchon. Ici, vous n'avez aucun des élémens nécessaires pour asseoir un abonnement. Il est de toute impossibilité de prévoir l'avenir qui est réservé à un débit naissant. Il est donc urgent que le conseil désigne celui de ses membres à qui il accordera la haute mission de s'aller asseoir, depuis le lever jusqu'au coucher du soleil, au foyer du nouveau cabaret. Je forme des vœux ardens pour qu'il n'y rencontre que des hommes comme Hoffmann. Et les débits clandestins, qui les découvrira? Et les ventes sur les champs de foires, qui les constatera? Apparemment MM. les députés des communes! C'est acheter bien cher l'honneur d'être décoré du titre de conseiller municipal.

Je ne sais si mes lecteurs ont assez long-temps respiré l'air de la campagne; je ne sais si je leur ai fait découvrir quelques-uns des obstacles insurmontables que rencontrerait, dans la pratique, le système des abonnemens; mais l'heure me force de me diriger vers le bruyant séjour des villes. Là, je rencontre quelques employés, enfans gâtés de la fortune, qui, échappés au naufrage général, jouent le rôle de préposés des octrois. Leur seule mission est de se livrer à des surveillances de jour et de nuit, et de s'assurer aux barrières si les boissons qu'on frappe des droits d'entrée sont bien identiques avec celles déclarées au bureau par le conducteur. Je les vois courbés sous le poids de leurs pénibles fonctions; j'entends les plaintes que le commerce dirige contre eux; car, tous les liquides circulant sans expéditions, ils sont forcés, aux entrées, de reconnaître l'espèce des boissons, le degré des eaux-de-vie, la contenance des futailles, de se livrer à des perquisitions minutieuses dans l'intérieur des voitures, de porter un œil scrutateur sur tous les chargemens qui s'introduisent dans la ville. Ici, je prévois une objection à laquelle je dois répondre à l'avance. « Mais, » me dira-t-on, les inconvéniens que vous venez de signaler existent bien maintenant que nous sommes » régis par le système des exercices. » Je ne le nie pas. Mais quelle différence! Sous la législation actuelle, les boissons qu'on a l'intention de soustraire à l'action du fisc ont à craindre, non seulement d'être saisies à l'entrée des villes, mais dans tout le cours du transport. Toutes ces précautions, que la loi a prises pour faire rentrer au trésor les droits qui lui sont dus, produisent un effet salutaire sur les personnes qui auraient le désir de se livrer à la fraude, en les effrayant par la perspective des difficultés qu'elles auraient à surmonter. Si, au contraire, la libre circulation des boissons existait; si les objets que l'on voudrait soustraire aux regards des préposés de la régie, ne pouvaient être arrêtés qu'en deçà des limites de l'octroi, quel essor on donnerait à la fraude! Mais aussi quelle activité soutenue, quelles recherches minutieuses on exigerait de la part des employés à qui on aurait confié le soin de défendre les intérêts du trésor! Ce seraient de nouvelles entraves apportées au commerce; ce seraient de vives réclamations qui s'élèveraient contre un système qui joindrait, à des inconvéniens qu'il ne serait pas donné au législateur d'aplanir, le tort grave de peser, de tout son poids, sur les classes ouvrières. Ceci me conduit naturellement à examiner la question d'inconstitutionnalité, que j'ai posée en commençant cette partie de la discussion.

Certes, le reproche le plus grave qui ait été adressé, dans ces derniers temps, au mode de perception des droits sur les boissons, c'est qu'il viole le pacte social. Si ce reproche était fondé, je m'expliquerais les résistances qu'il a éprouvées sur quelques points de notre territoire. Mais je désirerais que les personnes qui invoquent incessamment l'esprit de notre constitution, ne vinssent pas provoquer des dispositions législatives qui seraient, elles, une atteinte flagrante portée à notre droit public. En effet, la charte veut que tous les Français contribuent aux charges de l'état; or, le système des abonnemens n'établirait-il pas une exception en faveur de la classe des propriétaires? Peu de mots suffiront pour le démontrer.

On commettrait une grave erreur, si l'on s'imaginait que le débitant supporte le poids des impôts qui frappent les boissons. De la bourse du consommateur sort la somme que cette nature de droits fait entrer dans les coffres de l'état; aussi, a-t-on eu raison de dire que le cabaretier était le premier percepteur de la Régie. Or, quels sont les hommes qui s'approvisionnent dans les lieux de débit? Ne sont-ce pas les ouvriers et les cultivateurs qui ne jouissent pas d'une assez grande aisance pour acheter de première main les boissons qu'ils destinent à l'usage de leurs familles? Et, comme le droit de circulation serait supprimé, l'impôt ne pourrait atteindre, d'aucune manière, les personnes, qui, favorisées de la fortune, ne consomment que les vins les plus délicats. La taxe perçue dans les campagnes par le système des abonnemens serait donc levée sur la sueur de la classe la plus intéressante de la société.

Dans les villes, le droit unique aux entrées serait nécessairement fort élevé. Dans certains pays, il égalerait au moins le prix de la vente en gros des boissons. L'ouvrier, qui, à force d'ordre et de veilles, serait parvenu à économiser la somme nécessaire pour acheter une barrique de vin, mais qui n'aurait pas assez de ressources pour faire face aux droits d'entrée, se verrait donc dans la nécessité d'acheter au cabaret, au fur et à mesure de ses besoins, les boissons que l'on consomme dans l'intérieur de son ménage? Or, personne ne l'ignore : il faut que le débitant vive de son industrie.

Ainsi, la taxe unique aux entrées serait une cause de ruine pour les personnes qui gagnent leur pain à l'aide de travaux manuels. Après cela, que les prôneurs de l'abonnement fassent étalage de leurs sympathies pour les hommes du peuple! on saura apprécier le mérite de leurs chaleureuses déclamations.

Oserai-je parler des inventaires? mais je vois le Midi se remuer; une résistance ouverte s'organise sur tous ses points contre le système qu'on y veut établir. Les conseillers de la couronne, tous les hommes d'état, tous les amis de la tranquillité publique et de la prospérité de la France, sont vivement affligés en voyant les orages que le nouveau mode d'impôts accumule sur notre pays. Pourtant, il faut que force reste à la loi, que le trésor recueille des droits que d'imprudentes dispositions législatives lui ont assurés.

Des régimens sont allés prêter leur appui aux agens du fisc. La présence de quelques milliers de soldats, au lieu d'apaiser la révolte, ne fait qu'exaspérer les imaginations vives des méridionaux. L'exaltation est à son comble. Des hommes qui croient leur avenir ruiné, qui se figurent que l'état fait peser sur eux le poids de presque toutes les charges publiques, se soulèvent en masse, et se battent avec ce courage que leur inspirent la justice de leur cause et la crainte d'être frappés par la misère. Ici, ce ne sont plus des soulèvemens partiels occasionnés par les déclamations des ennemis de l'ordre public; c'est la guerre civile qui promène ses horreurs dans plusieurs provinces. La perspective d'un avenir aussi désastreux ne devrait-elle pas faire totalement renoncer à l'espoir d'introduire les inventaires dans notre code financier.

Outre l'inconvénient que je viens de signaler et qui, certes, est de nature à produire une profonde impression sur les amis de l'humanité, sur les hommes qui sont appelés à confectionner des lois auxquelles il ne doit pas coûter de se soumettre, le système des inventaires rencontrerait encore des obstacles qu'il serait difficile de surmonter. Et d'abord, ce mode de perception ne serait qu'une décevante illusion, ne figurerait que pour mémoire parmi nos lois, si tous les citoyens qui habitent les pays vignobles n'étaient pas les sujets des exercices. En effet, si les agens du fisc n'étaient pas armés de cette immense faculté, si les domiciles des personnes qui ne cultivent pas la vigne n'étaient pas accessibles à leurs investigations, combien il serait facile de se livrer à la fraude! Elle ne serait plus qu'un jeu qui n'aurait même pas pour lui l'attrait du triomphe; car on serait à l'avance assuré du succès. Avant l'époque où s'effectueraient les inventaires, on recélerait dans des maisons que la loi mettrait à l'abri des perquisitions des agens du trésor, une bonne partie de la récolte. Ce moyen est si simple, il se présente si naturellement à l'esprit, que les personnes les plus inintelligentes en feraient usage. L'impôt serait donc livré à la bonne foi des propriétaires récoltans. Hélas! je crains bien qu'il n'atteignît pas les prévisions du budget; par le temps qui court, on rencontrerait difficilement aux champs des hommes qui eussent, je ne dis pas les talens, mais les vertus, le désintéressement de Cincinnatus.

Les inventaires ne peuvent donc exister que lorsqu'ils seront appuyés sur l'exercice, non illimité, mais général. Qu'on se représente les difficultés de soumettre à son action deux millions de personnes! Et, dans ce nombre, je ne fais figurer que celles qui se livrent à la culture de la vigne. Pourtant, il est des provinces, comme la Normandie et la Bretagne, où il se fait de brillantes récoltes de cidre. Si nos corps politiques, frappant leur loi au coin de la justice distributive, faisaient peser des droits sur ce produit de notre sol, nous ne vivrions plus sous une législation exceptionnelle; car tous les Français devraient obéissance aux exercices. Je ne sais s'ils décerneraient des couronnes aux hommes qui, sous ce rapport, les auraient ramenés aux principes d'une égalité parfaite; je ne sais si la législature qui aurait doté le pays d'une semblable loi aurait mérité de la patrie: mais je sais que son application rencontrerait des obstacles qu'il ne serait donné qu'à Dieu d'aplanir.

Supposons pourtant l'impossible; supposons que les exercices généraux n'éprouvassent aucune résistance; que, par le moyen des inventaires, on connût exactement les quantités de vin, de cidre qui eussent été récoltées en France: il se présente encore des difficultés qui sont capables de mettre à la torture l'esprit des plus profonds faiseurs de lois. A quelle époque s'acquitteront les droits? Sera-ce immédiatement après le récolement des boissons? Mais vous mettez le cultivateur dans l'impossibilité de s'acquitter à l'égard du trésor; sa récolte est toute sa fortune; son avenir repose entièrement sur elle. La culture de ses terres, l'entretien de ses vignes, les frais de sa vendange, ont épuisé toutes ses ressources pécuniaires; sa bourse est vide comme celle d'un usurier qui habite un pays où le commerce est en décadence. On ne peut donc exiger le paiement des droits que lorsque les boissons auront été livrées à la consommation. Mais, alors, quelles garanties accordez-vous au trésor? L'état ne recevrait-il pas à chaque instant le contre-coup des malheurs qui frapperaient les propriétaires récoltans? Ne serait-il pas souvent la victime de leur mauvaise foi, de leurs folles spéculations, de leur inconduite? Est-ce qu'un impôt, pour être durable, pour être à l'abri de presque toutes les vicissitudes humaines, ne doit pas avoir une base plus solide? Peut-il reposer sur des éventualités inappréciables, sur la destinée ou l'honneur de chaque contribuable? Et puis, si vous ne laissez pas circuler, en franchise des droits, les boissons que l'on destine aux marchés étrangers, pourrons-nous soutenir la concurrence avec les autres états? Nos exportations de vins n'en souffriront-elles pas?

N'arrivera-t-il pas un temps où elles ne figureront plus au budget des douanes? Quel tort grave vous portez à notre industrie, qui, pour marcher de front avec celle de quelques autres puissances, a besoin de nouveaux encouragemens, de nouveaux débouchés! Si, au contraire, cédant aux plaintes, aux réclamations du commerce, vous ne frappez d'aucun droit les vins qui doivent être consommés au-delà de nos frontières, quels moyens aurez-vous, puisque les boissons circulent librement, pour reconnaître celles qui ont approvisionné l'intérieur, et celles qui ont été expédiées sur des places étrangères? Ce n'est pas tout : les droits étant acquittés par le propriétaire récoltant, ne convertissez-vous pas une contribution indirecte en une contribution directe? Ne faites-vous pas peser presque entièrement le poids de l'impôt des boissons sur le midi de la France? Ne livrez-vous pas à la misère nos provinces méridionales, qui déjà, si l'on peut ajouter foi à leurs éloquentes protestations, sont menacées d'une ruine certaine, dans le cas où l'on ne changerait point le système actuel, qui certes, comme je le prouverai plus tard, ne leur est pas aussi hostile que certains publicistes l'ont avancé dans ces derniers temps?

Ainsi, les inventaires semeraient en France la guerre civile, rencontreraient dans la pratique des obstacles qu'on ne pourrait surmonter, paralyseraient notre commerce extérieur, ne pourraient être d'une grande ressource pour le revenu public, occasionneraient la ruine complète de plusieurs départemens qui font la gloire de notre agriculture. A ce prix, quel est l'économiste qui voudrait adopter un système qui, pourtant, a trouvé des défenseurs à la bonne foi et aux talens desquels je me plais à rendre hautement justice?

Aux yeux de certaines personnes, le chancre rongeur de notre état social, ce sont les exercices. Détruisez les exercices, et la France, respectée au dehors, florissante au dedans, jouira des douceurs de l'âge d'or. La suppression du système actuel, voilà donc le point de mire de toutes les attaques de ces hommes, à vue courte, qui ne s'aperçoivent pas que, tout en s'affublant du manteau de la philantropie, ils prêchent des doctrines dont les effets écraseraient les classes ouvrières.

C'est sans doute à cette manie de démolition, à cet esprit d'aveuglement, que nous devons le système des licences; ce système, en effet, pèserait de tout son poids sur les débitans, puisque eux seuls seraient soumis à l'action du fisc. Or, le débitant est le premier percepteur de la régie; l'impôt sur les boissons serait donc totalement acquitté par les personnes qui font prospérer l'industrie des cabaretiers; l'opulence ne serait donc pas atteinte par ce mode de perception. Quelle justice! quel amour pour les travailleurs! Il est probable que ce système n'est pas dû aux enfans de Saint-Simon. Leurs idées en économie politique sont trop avancées! Leurs sympathies pour la classe la plus nombreuse et la plus pauvre sont trop vives! Quoi qu'il en soit, il serait aussi difficile de répartir l'impôt par le moyen des licences, que par celui des abonnemens. En vain, établirez-vous différentes classes; en vain, chargerez-vous les conseils municipaux du soin de faire l'application de vos catégories;

quels seraient les signes qui dirigeraient leur marche? L'extérieur des auberges? Mais nous autres, agens des contributions indirectes, nous le savons bien, telle bicoque qui tombe en ruines fournit souvent au trésor un plus grand contingent de droits, que tel hôtel qui porte sur toutes ses faces les marques de la richesse. Serait-ce la position des lieux? Mais il est des chaumières qui entrent dans les revenus publics pour une plus large part, que des maisons situées au centre du mouvement d'une grande ville. Un seul moyen nous est offert pour sortir du labyrinthe où nous sommes entrés. C'est de charger les conseillers municipaux, hommes essentiellement amis de la justice et de la chose publique, de passer encore quelque temps en permanence dans les lieux de débit. Calmez-vous, Messieurs les députés des communes, ne vous emportez pas si fort contre l'auteur de cet écrit : ce n'est pas lui qui en veut à votre repos, à votre existence; il ne fait qu'analyser les projets des adversaires de son administration. Après les avoir médités dans le silence du cabinet, il s'est convaincu qu'il était impossible de les mettre en pratique, si l'on n'avait pas recours à l'expédient qu'il vous propose, et contre lequel vous vous laissez aller à tous les emportemens de la colère. Pourtant, l'état ne peut vivre de théories; il lui faut, pour faire face à des engagemens sacrés, autre chose que le saint-simonisme, l'éclectisme, les abonnemens et les licences. L'auteur de cette brochure, tout en plaidant la cause des exercices, plaide donc la cause des conseillers municipaux, puisqu'il a le désir de conjurer les peines et les malheurs que d'imprudens écrivains veulent accumuler sur leurs têtes.

Ainsi, le système des licences favoriserait les classes opulentes de la société, ne ferait peser ses charges que sur les ouvriers, rencontrerait des difficultés insurmontables, et je crois m'entourer d'une certaine popularité en concluant pour son rejet.

Je ne puis abandonner les licences sans parler d'un écrit incendiaire qui fut publié, vers la fin de 1831, contre les exercices et contre les agens des contributions indirectes. Tout ce que l'esprit de parti a d'exaltation, tout ce que la calómnie a de fiel, était répandu dans cette brochure, dont le but évident était de vouer à l'indignation publique, l'administration chargée, par le pouvoir exécutif, de recueillir les droits qui existent sur les boissons. Je ne sais si l'auteur aura eu le talent de faire des prosélytes dans les pays où cet impôt a éprouvé des résistances; je ne sais si un ouvrage qui ne se recommande ni par l'élégance du style, ni par la nouveauté des idées, ni par la justesse des observations, a pu rencontrer des sympathies chez les classes inférieures de la société, qui, dans certaines circonstances, ont montré un bon sens si admirable; mais ce que je puis affirmer hautement, c'est que les agens des contributions indirectes ont répondu par le sourire du dédain à des accusations aussi ridiculement exagérées que celles dirigées contre eux. Leur conscience les a amplement vengés des calomnies que M. Mille a distribuées sur leur compte. Il est des momens où un corps, attaqué dans sa considération, dans son honneur, doit élever la voix pour confondre ses détracteurs; mais il est aussi des circonstances où son propre intérêt lui fait un devoir impérieux de laisser à l'opinion publique le soin de faire justice de certaine attaques, qui ne doivent pas trouver d'échos. Y répondre, ce serait avouer qu'on s'est senti blessé. M. Mille dépeint les employés des contributions indirectes comme des voleurs, des faussaires, des hommes dont le cœur est fermé à tout sentiment de pitié, de philantropie. D'après lui, sans doute, les bagnes ne s'ouvriraient que pour recevoir les agens de l'impôt qui n'auraient pas été assez heureux pour cacher à la justice leur honteuse industrie : les bagnes seraient, en quelque sorte, les dépendances de l'administration. M. Mille ajoute qu'à force de dilapidations, tous les employés nagent dans l'opulence; et, s'ils plaident avec tant de chaleur la cause du système actuel, c'est que sa perte ne leur permettrait plus de s'enrichir aux dépens des contribuables. Comment un homme, dont l'esprit n'est pas aliéné, a-t-il pu avancer de semblables absurdités? Certes, nous ne sommes pas de ces philosophes qui foulent aux pieds les biens de la terre; la fortune a des attraits à nos yeux. Mais si, pour l'acquérir, il fallait recourir à des moyens que la probité stygmatiserait, je ne crains pas de le dire, tous nous la refuserions. A ce prix, la misère, avec toutes ses horreurs, serait préférable à une richesse puisée à la source des crimes. Il y a de l'intégrité autre part que chez les libellistes..... Mais c'est trop long-temps s'arrêter sur un écrit que les honnêtes gens auront méprisé, et qui doit compter au nombre des aberrations de l'esprit humain!

Si, à force de recherches curieuses, de dissertations savantes, de nouveaux projets de répartition des charges de l'état, on pouvait trouver un mode d'impôts qui fût de nature à concilier l'intérêt du trésor avec celui des contribuables, qui ne rencontrât, dans la pratique, aucun obstacle invincible, il y a déjà long-temps que la France jouirait des avantages de ce système que les philanthropes appellent de tous leurs vœux; que les économistes, sans espoir de l'atteindre, poursuivent avec une ardeur infatigable. Mais je crains que ce ne soit tenter la découverte de la pierre philosophale, de la quadrature du cercle, du mouvement perpétuel, et autres chimères qui ont bercé l'imagination de nos aïeux. Quoi qu'il en soit, voici venir M. Rodde, directeur du *Bon Sens*. C'est un rude athlète; il s'attaque aux droits d'octrois, aux taxes sur les sels et les boissons et au monopole des tabacs. D'un trait de plume, il fait disparaître tous ces impôts du code financier. Mais en homme instruit, qui sait parfaitement que l'état ne peut exister sans le secours du revenu public, il propose d'édifier, à la place des droits dont l'absence se ferait trop fortement remarquer au budget, une 5e contribution directe, dite de *consommation*. Il s'agirait de répartir 217,000,000 entre les départemens: 46,000,000 seraient ajoutés à l'impôt foncier. Mais quelle méthode faut-il adopter pour arriver à la répartition exacte de la somme qui reste encore à diviser entre les contribuables? Cette difficulté, on le sent, était de nature à entraver la marche de l'auteur; néanmoins, il est parvenu à l'aplanir. Ennemi des idées financières de M. Laffitte, il se prononce, tout d'abord, pour l'impôt de répartition. Après cela, il prend pour base des sommes que chaque département devra fournir au trésor, le montant des trois contributions directes, dites personnelles et mobilières, portes et fenêtres et patentes. Avant d'effectuer la répartition individuelle, chaque commune se divisera en autant de sections qu'il y a de fois 1,000 ames. Chaque section élira cinq commissaires, chargés d'évaluer la consommation que chaque contribuable peut faire.

Voilà l'analyse exacte du système de M. Rodde. Il a un mérite que tout le monde lui accordera, c'est d'être à la portée des intelligences les plus vulgaires. Mais est-il juste dans son principe? Serait-il réalisable dans l'application? Je ne le pense pas.

Il me semble que le projet du directeur du *Bon Sens* repose sur une erreur en économie politique. Il avance, avec quelques bons esprits, que la production et la consommation sont seules imposables, *et qu'elles doivent l'être l'une et l'autre d'une manière relative à la fortune des imposés.* Je ne conteste pas la vérité du principe lorsqu'il ne s'applique qu'à la production; mais je le crois essentiellement faux, quand il veut frapper sur la consommation. En effet, ne serait-il pas de la plus révoltante injustice de faire peser des droits sur des hommes qui n'auraient rien consommé? Ce sont là pourtant les conséquences qui sortent du système de M. Rodde. Beaucoup de personnes ne se servent ni de tabacs, ni de boissons. Si elles sont favorisées de la fortune, elles auront à compter au trésor des sommes fort élevées, quoique ces deux objets n'entrent point dans l'économie de leur existence. Il m'avait toujours semblé que l'impôt de consommation avait cela de différentiel avec l'impôt direct, que le dernier est forcé dès lors qu'on possède, et que le premier est facultatif et qu'on lui échappe, si on ne consomme pas les matières soumises à son action. Or, M. Rodde tient aux contribuables à peu près ce langage : « Je ne m'enquiers pas si vous faites usage, dans votre intérieur, » de tels objets que le fisc a frappés de droits; je ne veux » pas connaître le chiffre de la consommation que vous » faites ; je ne me donne pas la peine de m'informer si » vous avez un domestique nombreux, ou si vous » vivez isolé du monde, si vous dépensez votre fortune dans des festins splendides, où l'on voit figurer » les vins les plus exquis, ou si, sévère dispensateur » des richesses que vous ont léguées vos pères, vous » consultez dans toutes vos dépenses, les règles de la » plus sage économie, tout cela ne peut être l'objet » de mes investigations ; je ne m'y arrête pas un seul » instant. Le chiffre de vos ressources! Voilà tout ce » que je demande; et les difficultés sont levées, et mon » système, sans craindre le moindre rocher, vogue à » pleines voiles et aura bientôt atteint le port qui est » le but de son voyage. »

Soit! M. Rodde. J'adopte, pour un moment, vos principes, et je proclame que *l'impôt de consommation doit être toujours relatif à la fortune des imposés*. Quel signe nous fera reconnaître cette fortune? Sera-ce la contribution foncière? Mais elle est souvent trompeuse; les hypothèques et l'usure sont à la veille de prendre possession des champs du propriétaire. Seront-ce les capitaux? Mais, à l'impossibilité de les compter, vient se joindre une considération qui est de nature à produire un certain effet sur tous les esprits : c'est que très-souvent les sommes sur lesquelles reposent la prospérité de l'industrie du négociant ne sont que le fruit de la confiance publique et dont il ne sera peut-être jamais propriétaire direct. Le principe qui sert de fondement au système de M. Rodde n'est donc pas soutenable, et l'auteur a eu raison de l'abandonner, lorsqu'il a voulu soumettre ses idées à l'action de la pratique.

Dans ces derniers temps, la tribune et les journaux ont signalé à l'opinion publique la faveur dont la propriété est l'objet de la part des pouvoirs de l'état. Il semblerait, en vérité, que la contribution immobilière ne figurât, que pour mémoire, dans les colonnes du budget. M. Rodde lui-même a l'air de partager cette opinion. Aussi, propose-t-il, tout d'abord, de reporter, sur cette nature de droits, les 46 millions dont il soulage l'impôt de consommation. Sans se constituer l'avocat de la grande propriété, il est peut-être permis de répondre par des chiffres à des plaintes qui ont eu beaucoup de retentissement.

Des renseignemens aussi exacts que le permet un travail de cette importance, portent à un milliard six cents millions le revenu de la propriété immobilière. L'état fait peser quatre cent vingt-un millions sur cette nature d'impôts. Mais ce ne sont pas là toutes les charges qui reposent sur la propriété. Les hypothèques inscrites se montent à 11,233,265,788 francs, ce qui, calculé au taux légal, donne 561,663,288 francs d'intérêts annuels. Et puis, ajoutez à toutes ces sommes les centimes additionnels de toute nature votés extraordinairement par les communes et les départemens et qui ont atteint, en 1833, les soixante-douze centièmes du principal de la contribution foncière, vous arriverez à un chiffre exorbitant, et vous vous effraierez, avec nos plus grands hommes d'état, de l'élévation des charges dont la propriété immobilière est grevée chez nous.

Il peut, cependant, de la marche naturelle des choses, surgir des événemens qui exigent, de la part des puissances qu'ils intéressent, le déploiement de toutes leurs ressources financières. Et, je le demande, au jour du danger, n'est-ce pas à la propriété qu'on s'adresse; n'est-ce pas elle qui est appelée à faire face aux dépenses extraordinaires, réclamées au nom de la patrie? Il serait donc injuste et impolitique d'exiger, en temps de paix, de nouveaux sacrifices de notre richesse territoriale. Les deux cent dix-sept millions, montant des impôts supprimés, doivent donc appartenir en entier à la taxe de consommation. Répartissons-les, en adoptant les règles posées par M. Rodde.

Et d'abord, le midi de la France, qui demande, à grands cris, l'allégement de certains impôts, qui, à l'entendre parler, vont consommer la ruine de son industrie, n'applaudira pas au système développé par le directeur du *Bon Sens*. D'après des calculs auxquels je me suis livré, nos départemens méridionaux auraient à fournir au revenu public une plus large somme de droits que les autres parties du royaume. Je ne prendrai qu'un exemple pour prouver l'exactitude de mon raisonnement. Je choisirai les Côtes-du-Nord et la Gironde, parce que ces deux départemens comptent, à peu de chose près, la même population. Les trois contributions directes qui doivent servir de base à notre répartition, se montent pour le premier à 876,202 francs et, pour le second, à 2,870,177 francs. Or, sous l'empire de notre code financier, la Gironde n'a compté au trésor, pendant l'exercice 1832, pour les boissons et les tabacs, que 2,100,090 francs, tandis que le département des Côtes-du-Nord, pour ces deux natures de droits, figure au budget pour la somme de 3,335,405 francs. Je ne fais pas entrer, dans mes termes de comparaisons, le montant des produits sur les sels, parce que je ne suis muni d'aucun renseignement à ce sujet : d'ailleurs, il est certain que les chiffres viendraient encore ici à l'appui de la thèse que je soutiens. Le Midi regarderait donc, comme son coup de mort, l'adoption du système de M. Rodde, et solliciterait avec force, le rétablissement des exercices, dont il est loin maintenant d'être le prôneur.

Le directeur du *Bon Sens* se figure que la répartition individuelle se ferait, sans difficulté aucune, à la satisfaction de tous les contribuables. Il puise ses motifs de confiance dans la composition du personnel des commissaires, qui, soumis, à des époques rapprochées, à l'épreuve de l'élection, se mettraient à la hauteur de la mission dont ils seraient chargés, en faisant des évaluations consciencieuses. Je crois à la sincérité de M. Rodde; je rends hommage à la bonne foi et aux généreuses intentions des répartiteurs. Néanmoins, je suis persuadé qu'on rencontrerait des difficultés insurmontables. Comment, en effet, connaître, même approximativement, la consommation de sels, de boissons, de tabacs qui se fait dans chaque ménage? En vain, les commissaires habiteront-ils les quartiers qu'ils imposeront; en vain, véritables phénomènes de notre époque, auront-ils le cœur fermé à l'intérêt personnel, au désir de la vengeance, à toutes les passions dans la sphère desquelles s'agitent les autres hommes. Il est impossible que la répartition se fasse sans provoquer des clameurs si vives, des réclamations si nombreuses, qu'une expérience, peut-être chèrement acquise, apprendrait que le système de M. Rodde serait repoussé par toute la France. Et puis, je le demande à l'auteur lui-même, qui veut, sans doute, que l'intérieur des ménages soit défendu par un mur épais : les commissaires ne seraient-ils pas forcés, pour justifier leurs répartitions, de passer en revue chaque imposé, d'initier leurs commettans aux mystères de sa vie domestique, de répondre, par de nouveaux argumens puisés dans les habitudes et la conduite des contribuables, aux plaintes qui leur seraient adressées sur le chiffre fixé à certaines personnes qu'on verrait l'objet de la faveur ou de l'injustice de la commission ? Ne serait-ce pas instituer une sorte d'inquisition qui s'étendrait sur tous les points de la France, dont le regard irait toujours fouillant dans l'intérieur des ménages ? Une semblable institution peut-elle prendre racine chez nous ? Je ne le pense pas.

L'impôt de consommation reposerait donc sur une base vicieuse, serait livré à l'arbitraire des députés des sections, formerait une cause de ruine pour les départemens méridionaux, provoquerait des révélations dont on verrait souvent s'emparer la chronique scandaleuse. J'en ai, ce me semble, assez dit pour prouver que le système de M. Rodde, quoique rédigé sans doute dans des vues d'intérêt général, ne peut supporter l'épreuve de la pratique.

D'autres projets ont encore été livrés à la publicité ; mais les uns, calqués qu'ils sont sur ceux que j'ai analysés, peuvent être combattus par les armes que j'ai déjà employées : je ne m'en occuperai pas ; les autres, fruits de cerveaux creux, de personnes étrangères à la théorie de l'impôt, n'ont été soutenus que par quelques coteries qui avaient intérêt à les prôner; je ne me donnerai pas la peine de les réfuter. Ils sont morts en naissant : ne troublons pas leur sommeil.

Après avoir, si je ne me trompe, prouvé, d'une manière victorieuse, que les systèmes que l'on propose pour remplacer le mode actuel de perception des droits qui pèsent sur les boissons rencontreraient des obstacles qu'on ne pourrait surmonter; après avoir démontré que toutes ces nouvelles théories seraient loin de favoriser les classes inférieures de la société, je vais aborder un sujet délicat, je veux dire les exercices.

La liberté de la presse, conquête du progrès social, offre des avantages immenses que je suis le premier à proclamer. Sa mission est de hâter l'émancipation intellectuelle des classes ignorantes, d'extirper les préjugés et les préventions qui défigurent l'espèce humaine, de prêcher des principes avancés de tolérance politique et religieuse, de populariser les découvertes qui sont de nature à améliorer le sort de l'humanité, de prôner les systèmes politiques à l'ombre desquels le commerce, les arts et les sciences peuvent atteindre leur plus haut période de gloire, de marcher, enfin, à la tête de la civilisation. Quand elle ne sort pas de la sphère qui lui est tracée dans l'ordre social, elle rend des services inappréciables aux lumières, au bien-être de tous les membres qui forment la grande association. Mais, lorsque, abandonnant les principes de modération qui devraient toujours guider sa marche, elle sert d'organe aux passions des différentes coteries qui se agitent sur notre sol; lorsque, prêchant des doctrines subversives de la tranquillité publique, elle provoque, par un langage incendiaire, les citoyens à s'insurger contre des impôts assis sur les lois, alors, elle salit son haut ministère, elle sert de soutien aux émeutes, qui, de leur nature, entravent le développement de nos institutions; elle fait rebrousser chemin au char de la civilisation. Tous les philantropes vouent au mépris public les hommes qui n'ont d'autre espérance que de voir leurs idées surgir du sein de l'anarchie.

Pourtant, quelle a été la conduite de quelques organes de la presse à l'égard de la taxe sur les boissons? Au lieu de l'attaquer par les armes de la discussion, ils ont fait un appel aux haines et aux préjugés auxquels cet impôt était déjà en butte. Leurs discours ont produit un effet qu'ils doivent être les premiers à déplorer. Sur plusieurs points de la France, des résistances contre les agens du fisc se sont organisées; leurs registres ont été livrés aux flammes; l'ordre public a été gravement troublé; le sang même a coulé. Rejetons la responsabilité de tous ces malheurs sur les hommes qui les ont provoqués, et répondons aux principaux griefs dirigés contre les exercices, contre ce mode de perception que beaucoup de personnes attaquent, parce qu'elles ne se sont pas pénétrées de l'esprit de justice qui a présidé à sa création.

On a parlé du respect dû à l'asile de chaque citoyen; on a fait sonner haut la grave atteinte que porte à la liberté individuelle le droit qu'ont les agens du fisc de s'introduire dans le domicile des hommes livrés au commerce des boissons. Examinons sérieusement ce reproche, qui a produit la plus grande impression sur l'opinion publique.

Je l'avouerai, cette faculté immense que la législation accorde aux employés de mon administration est de nature à détacher du mode actuel de perception des hommes qui, partisans au fond d'un impôt sur les boissons, sont effrayés en pensant que le droit de visites peut dégénérer, dans les mains qui en font usage, en une arme d'oppression contre une classe de la société. Moi-même, quoique j'aie de bonnes raisons pour ne pas partager cette crainte, je désirerais vivement, comme employé de l'impôt indirect, que le législateur n'eût pas été forcé d'introduire, dans le code financier, la disposition qui nous occupe en ce moment. Mais cette question doit être envisagée sous un autre aspect. Le système qui, malgré les vices inhérens à sa nature, a obtenu le suffrage des hommes d'état qui ont fait de cette matière l'objet de leurs méditations, est celui actuellement en vigueur, et il repose entièrement sur les exercices. D'ailleurs, ce mode de perception est-il donc accompagné des graves inconvéniens qu'on lui suppose? Est-ce un instrument de tyrannie pour les contribuables? Chez qui peuvent s'introduire légalement les employés des contributions indirectes? chez des personnes dont la porte est ouverte au public; qui sont souvent forcées de recevoir à leur table les individus formant la lie de la société; qui, avant de se livrer à l'industrie qu'elles exploitent, connaissaient les obligations auxquelles elles allaient se soumettre. Et l'on viendra dire qu'elles se soulèvent d'indignation à l'idée de voir dans leur domicile des hommes revêtus d'un caractère public, que leur position sociale et l'éducation qu'ils ont reçue devraient, aux yeux des contribuables du moins, entourer d'une certaine confiance, d'une certaine considération. Non! Ce qui indispose quelques débitans contre les agens du fisc, c'est que ceux-ci ont la mission de paralyser la fraude, et qu'un grand nombre d'assujettis, gens qui, comme beaucoup d'autres, veulent arriver promptement à la fortune, sont possédés du démon de la fraude : aussi a-t-on remarqué que les personnes qui n'avaient pas le désir de frustrer les droits dus au trésor, déployaient beaucoup d'honnêteté à l'égard des préposés de la régie. Mais, me dira-t-on, les perquisitions, les recherches *jusque dans la couche de la jeune mariée!* A moins de fermer les yeux à la vérité, à moins d'être aveuglé par les préventions et l'esprit de parti, on sera forcé de convenir que les employés, suivant les règles de modération qui leur ont été tracées par l'administration, apportent, dans les rares investigations auxquelles ils se livrent, cette réserve et cette politesse que l'on doit toujours rencontrer chez des hommes revêtus de fonctions assez importantes; et toutes ces fables, inventées pour perdre dans l'opinion publique les agens des contributions indirectes, n'ont pu faire de dupes que parmi les personnes qui basent leurs convictions sur les articles de certains journaux, et sur des écrits composés sous l'inspiration de la calomnie! D'ailleurs, les faits viennent prouver que nous faisons un usage modéré de l'arme que la loi a mise dans nos mains, et que les débitans n'éprouvent pas pour les exercices cette antipathie qu'on a bien voulu leur prêter. La voie de l'abonnement leur est ouverte. Si les employés étaient des tyrans qui rivassent pour eux les fers de l'esclavage, si les exercices pouvaient troubler leur sommeil, leur donner des rêves affreux, certes on les verrait tous, s'appuyant sur les dispositions de la loi, réclamer à grands cris un moyen aussi simple que celui de l'abonnement, de mettre leurs domiciles à l'abri des investigations des agens du fisc. Or, à peine la dixième partie de cette classe d'industriels a-t-elle, à ce sujet, voulu jouir du bénéfice de la législation. Qu'on cesse donc de représenter les débitans comme étant à la veille d'organiser une croisade contre les exercices, dont les hommes du gouvernement sont les plus grandes victimes, parce qu'ils leur suscitent des désagrémens dont je ne ferai pas ici la longue et fastidieuse énumération!

Je sais que, pour combattre le système actuel, pour prouver la défaveur, l'impopularité où on le dit tombé en France, l'on invoquera les décisions prises par quelques localités lors de la mise à exécution de la loi du 21 avril 1832. Il est vrai que des conseils municipaux ont substitué aux exercices le mode de la taxe unique aux entrées; mais, pour apprécier les conséquences que l'on peut tirer de ce fait, il faut être initié à la formation de ces corps délibérant extraordinairement. D'après la loi que je viens de citer, les conseils municipaux, appelés à se prononcer sur la question des exercices, doivent s'adjoindre un nombre de débitans égal à la moitié des membres qui les composent. Or, il est constant que, dans presque tous les conseils, figuraient déjà des assujettis de la régie. Aussi est-il arrivé, grace à l'aveuglement de la disposition législative rappelée plus haut, que, dans plusieurs villes, les débitans se trouvaient en majorité au sein du conseil; et il est tout naturel qu'ils se constituassent les défenseurs de leurs propres intérêts. On ne peut donc faire sortir de ces délibérations aucune induction fâcheuse contre les exercices. D'ailleurs, une remarque que je dois faire à l'appui de la cause que je défends, c'est que, mieux éclairés sur les véritables intérêts de leurs commettans, avertis par de nombreuses réclamations que la mesure qu'ils avaient adoptée mettait les petits propriétaires dans l'impossibilité d'acheter, de premières mains, les boissons qu'ils destinaient à l'usage de leurs familles, car les droits d'entrée avaient atteint un taux exorbitant, les conseillers municipaux de plusieurs villes ont cédé enfin à des plaintes si fondées, à des observations si justes, au vœu de tous leurs concitoyens, moins les débitans, et les exercices ont été rétablis dans quelques localités où naguère ils avaient été supprimés.

Mais, disaient dernièrement quelques débitans dans une pétition où, après avoir fait un sombre tableau de la position où le mode actuel les avait réduits, ils sollicitaient avec force la suppression des exercices et la création de la taxe unique aux entrées, *si des difficultés s'élèvent entre nous et les employés, l'opiniâtreté de la régie nous ferme en réalité la porte des tribunaux que la loi nous ouvre en apparence.* Singulier reproche ! Depuis quand donc les administrations peuvent-elles empêcher les citoyens qui se croiraient victimes de la vengeance ou de fausses interprétations législatives de demander justice aux exécuteurs des lois ? Craindrait-on de s'adresser à la magistrature française ? Ne jouirait-elle plus d'une entière indépendance ? Serait-elle soumise aux volontés des ministères ? Je suis persuadé que les pétitionnaires n'ont pas sérieusement réfléchi aux conséquences qui découlaient de leur paroles.

Oui, leur dirai-je, la régie gagne presque toujours les procès qu'elle se voit forcée d'intenter à des délinquans; car ces procès s'appuient sur des textes précis de lois. Oui, elle ne craint pas de traîner jusqu'en cassation les affaires qui lui semblent n'avoir pas été bien saisies par les autres juridictions; car elle a soif, non de procédures, mais de son droit; car elle veut faire respecter les principes sur lesquels elle repose. Certes, si les agens de l'administration étaient aussi sévères qu'on les représente; s'ils faisaient toujours usage des moyens de répression que la loi a mis en leur pouvoir, on verrait plus souvent des contribuables, fraudeurs de leur essence, comparaître devant les tribunaux. Mais ce n'est qu'après avoir épuisé la voie des arrangemens, des transactions, que la régie, à son corps défendant, se décide à entamer des procédures.

Me donnerai-je la peine de réfuter l'opinion de quelques écrivains qui ont prétendu que les formalités auxquelles la loi soumet les débitans, empêchent beaucoup de personnes de se livrer au commerce des boissons? Ce n'est sans doute pas sérieusement qu'on a pu avancer une semblable assertion: car il suffit de jeter un coup d'œil autour de soi pour s'assurer que le nombre des hommes exploitant cette branche de notre industrie s'augmente d'une manière effrayante.... pour les habitans paisibles qui n'aiment pas le voisinage des cabarets.

Mais on ne s'est pas contenté d'attaquer le mode de perception; on s'est élevé avec force contre le chiffre de l'impôt.

Après la révolution de 1830, le gouvernement, dans le but d'adoucir la position des propriétaires de vignes et de soulager les classes inférieures de la société, diminua d'un tiers les droits qui pesaient sur les boissons. On applaudit vivement à cette décision législative, car on se figura qu'elle allait cicatriser des plaies qu'on disait saignantes, qu'elle devait apporter une plus grande somme d'aisance chez les personnes vivant de travaux manuels. L'expérience a démontré qu'on s'était gravement trompé; que les plaintes sont tout aussi vives que par le passé; que les classes ouvrières n'ont presque pas profité de cette énorme diminution dans le chiffre des droits qui frappent les liquides.

Les boissons produisent au trésor soixante huit-millions. Les bières, dont la taxe ne provoque aucune réclamation, figurent dans cette somme pour près de sept millions. Je ne puis fixer le chiffre des droits perçus sur les cidres; mais, dans quelques provinces, on ne fait, pour ainsi dire, usage que de cette boisson, et il est probable qu'elle est d'une certaine ressource pour le revenu public. Or, année commune, il est récolté, en France, quarante-cinq millions d'hectolitres de vin. Je ne crois donc pas beaucoup m'éloigner de la vérité, en avançant que cent litres ne paient guères plus d'un franc de droits. Cela posé, je le demande aux hommes qui se rendent à l'évidence des chiffres : l'administration des contributions indirectes peut-elle être une cause de ruine pour notre industrie, pour les classes productives de la société? Fait-elle peser, comme l'ont soutenu quelques personnes, qui n'ajoutaient sans doute pas foi à leurs allégations, fait-elle peser, sur la matière qu'elle impose, la plus grande part du fardeau des charges publiques?

C'est ici le moment de répondre à une attaque qui devait trouver beaucoup d'échos et provoquer des plaintes contre la répartition de l'impôt. Des hommes qui se disent les défenseurs, par excellence, des droits du peuple ont prétendu que la boisson des malheureux supportait, presque seule, le poids des contributions indirectes.

Et moi aussi, j'ai de vives sympathies pour les classes les plus nombreuses et les plus pauvres de la société; et moi aussi, dans différentes circonstances, j'ai plaidé leur cause avec cette chaleur que donne une conviction profonde; je forme des vœux ardens pour que la civilisation, qui leur a déjà rendu de grands services, répande sur elles une plus grande part du bien-être général. Mais, j'oserai le soutenir, qu'elles ne se bercent pas de l'espoir que leur bonheur puisse surgir ou de la suppression des droits sur les boissons, ou, comme je l'ai déjà prouvé, d'un changement de système, ou, enfin, d'un remaniement des tarifs qui existent actuellement. En effet, quoique, depuis 1830, les droits aient subi une forte diminution, les boissons qui se vendent dans les lieux de débit n'en ont pas éprouvé le contre-coup. Elles se sont soutenues au même prix que par le passé. Ici, je prévois une objection plus spécieuse que fondée. « Quoi! me dira-t-on, » la loi du 12 décembre 1830 a diminué d'un tiers » les droits de détail, et le consommateur ne s'en est » pas ressenti! C'est un paradoxe que vous avancez là ». Je répondrai que les documens fournis par le ministère à la commission qui fut chargée, l'an dernier, d'examiner le budget, démontrent victorieusement la vérité de mon assertion, puisque les prix moyens des vins et des cidres consommés dans les auberges n'ont pas varié sensiblement depuis plusieurs années. J'ajouterai même que des renseignemens officiels que j'ai sous les yeux, prouvent assez que la mise à exécution de la loi précitée, au lieu de faire fléchir les prix de vente dans le département de la Mayenne, les a, au contraire, fait monter à un taux plus élevé que celui qu'ils avaient atteint l'exercice précédent. Aussi, maintenant, est-il reconnu que le gouvernement s'est trompé lorsqu'il a cru qu'une diminution dans les tarifs des droits existant sur les liquides, soulagerait la position des ouvriers qui se voient forcés d'aller acheter leurs boissons dans un lieu de débit. Ce dégrèvement a tourné, presque en entier, au profit d'une classe de la société, de celle des débitans; et je ne sache pas qu'elle ait rendu des actions de graces à la législature qui s'est montrée, à son égard, d'une générosité que je ne veux pas qualifier.

« Mais, va-t-on, sans doute, m'objecter encore, » comment s'expliquer ce fait, qu'une diminution » dans les droits n'exerce aucune influence sur le prix » de vente des boissons? » Cette observation peut embarrasser les personnes qui n'ont fait qu'une étude superficielle de la matière que nous agitons; mais celles qui ont long-temps médité sur ce sujet, qui intéresse au plus haut point l'opinion publique, trouvent facilement une explication à un fait qui paraît, tout d'abord, inexplicable.

On conçoit, en effet, que, lorsqu'une matière est frappée de droits beaucoup plus élevés que sa valeur intrinsèque, le prix de vente doit forcément s'en ressentir; qu'une forte réduction dans le tarif met le commerce dans la nécessité d'opérer une réduction analogue dans le chiffre auquel cet objet est livré à la consommation; que, par exemple, si les droits qui pèsent sur les sels étaient diminués d'un tiers, cette denrée, qu'on a rangée, à juste titre, parmi les matières de première nécessité, subirait une baisse énorme dont les classes inférieures ressentiraient la salutaire influence. Mais on conçoit aussi que, lorsque l'impôt est de beaucoup inférieur au prix d'achat, une diminution, même fort sensible, dans le tarif des droits, ne permet pas au commerce en détail de faire jouir le public de ce dégrèvement; car, dans ce cas, la taxe n'entre presque pour rien dans le coût de la marchandise. C'est ce qui est arrivé pour les boissons. Avant la promulgation de la loi du 12 décembre 1830, elles étaient frappées d'un droit qui s'élevait à 15 pour 0/0 du prix de la vente en détail; maintenant, elles n'ont à supporter qu'une charge qui se monte à la dixième partie du chiffre auquel elles sont taxées aux consommateurs. Malgré cela, les prix moyens n'ont éprouvé aucune dépréciation. Je dois même ajouter une observation qui est d'une haute importance dans cette discussion. Si les prix des liquides avaient dû diminuer par suite de la modification introduite dans la législation des contributions indirectes, les malheureux s'en seraient difficilement ressentis; car ils ne font aucune consommation de boissons recherchées. Si de légères économies, qu'ils auront amassées à force de sueurs, les mettent à même de faire quelques dépenses les jours de repos, ils s'adresseront ou au cidre, ou aux vins les plus grossiers. Or, il est impossible que le débitant, faute de monnaie usuelle, puisse leur tenir compte, à eux pauvres consommateurs, de la diminution que le gouvernement aura fait subir au tarif des droits. Je pourrais me dispenser de toute autre démonstration ; mais le désir d'être laconique ne peut pas m'empêcher de faire usage des principaux argumens que l'examen de cette question m'a fournis pour combattre les adversaires du système qui nous régit. Je leur dirai donc qu'en matière de contributions indirectes, le prix des boissons n'est pas toujours proportionnel aux impôts qu'elles doivent acquitter. Ce qui le prouve victorieusement, c'est que les débitans sur lesquels ne s'étendent pas les droits d'entrée, savent maintenir leurs liquides à un taux souvent plus élevé que ceux qui ont à supporter, non-seulement le fardeau de la taxe que je viens de désigner, mais encore le poids d'une autre imposition qui forme un des plus beaux revenus des communes, celle de l'octroi.

Ainsi, les malheureux ne sont guères intéressés au triomphe des doctrines professées par des personnes qui font pourtant étalage de leur amour pour le bien-être des classes souffrantes. Qu'il y ait ou non des droits sur les boissons, que nous existions sous le règne des exercices ou sous l'empire de tout autre système, ils n'en seront pas moins obligés de tremper de leurs larmes le pain noir qui les empêche de mourir. La philanthropie n'en aura pas moins à déplorer la cruelle nécessité d'avoir, dans les états les plus florissans, des hommes voués à toutes les infirmités humaines.

Dans ces derniers temps, une question extrêmement grave a été soumise à l'attention générale, aux méditations des hommes d'état. Le midi de la France, jetant un cri de détresse, a fait reposer la ruine de son industrie sur le système qui régit les contributions publiques. Dans son désespoir, il menace, si ses doléances ne sont pas écoutées, de créer une ligne de douanes qui divisera, sous le rapport commercial, la France en deux royaumes. Pour qu'une partie du territoire en soit venue à faire, à la face du pays, une menace dont les effets compromettraient l'unité gouvernementale; pour que cette déclaration ait eu pour organe un homme qui, comme M. Fonfrède, joint un caractère estimable à un talent qui brille, depuis maintes années, dans les débats de la presse, il faut que les provinces méridionales soient travaillées d'un mal réel; qu'elles attendent d'une autre législation un remède à un état de choses qui écrase le présent, et montre l'avenir sous les couleurs les plus sombres. Il appartient au gouvernement de sonder la plaie qui menace, dit-on, de s'étendre sur tout le midi de la France, de chercher le système le plus favorable au développement de ses richesses naturelles, à l'exportation des produits de son sol. Je ne serai pas assez téméraire pour embrasser ce vaste sujet; il exigerait, pour être traité, des documens que je ne pourrais me procurer, des connaissances que je n'ai pas acquises, des méditations auxquelles je ne me suis pas livré; d'ailleurs, ce serait sortir du cercle que je me suis tracé. Voyons donc si le système actuel, prenant sous sa protection les départemens du nord, fait peser, presque entièrement sur le midi, les droits que les boissons font entrer au trésor.

En 1832, le département de la Somme, dont la population est de 540,000 ames, a payé, sur les liquides, 926,655 fr. de droits, et le département de la Gironde, qui compte une population de 554,000, ne figure au budget que pour 554,440 francs; c'est-à-dire 1 franc par habitant. L'Aveyron, dont la population se monte à 359 mille ames, n'a que 220,938 francs de recettes, et le Calvados, dont la population atteint, à la vérité, 490,000 ames, est entré, dans les revenus publics, pour 1,064,319 fr. Il ne me serait pas difficile de continuer cette comparaison (1), et de prouver victorieusement, en mettant le nord en parallèle avec le midi, que celui-ci est placé sous une législation qui, au lieu de le traiter en ennemi, verse sur lui toutes ses faveurs. Et encore, pour faire ressortir davantage l'inégale répartition de l'impôt sur les boissons, aurais-je pu ajouter à mes termes de comparaison, le produit de la fabrication des bières. Or, on sait que le nord fournit presque seul le montant de la taxe qui frappe cet objet. Une observation que je ne dois pas taire, c'est que les vins adressés par le midi aux propriétaires qui habitent l'intérieur de la France, circulent accompagnés d'un congé; que, dans ce cas, les droits sont payés à l'enlèvement, et que, par conséquent, quoiqu'ils figurent dans les recettes des dé-

---

(1) J'ai fait un relevé qui présente des résultats assez curieux. 14 départemens du midi, qui donnent une population de 4,594,642 ames, n'ont payé, sur les boissons, en 1832, que 4,482,705 francs de taxes, tandis que huit départemens situés dans le nord, qui ne comptent que 4,577,589 habitans, ont versé au trésor, pour la même nature de droits, 9,232,700 francs.

Ces chiffres-là en disent plus que beaucoup de raisonnemens!

partemens expéditeurs, ils tombent à la charge des destinataires.

Ne pouvant soutenir la discussion sur le terrain où je l'ai placée, car tous les sophismes du monde n'ont pas le pouvoir de détruire des vérités qui reposent sur des chiffres dont le public est à même de vérifier l'exactitude, mes adversaires vont sans doute se retrancher derrière une autre position qu'il croient inexpugnable. Ils seront forcés de convenir que les départemens du nord fournissent au trésor une plus grande somme de droits pour les boissons, que les départemens du midi; mais ils m'attaqueront avec d'autres armes; ils diront : « L'impôt perçu sur les » vins est, au résultat, acquitté par les contrées méri- » dionales, puisqu'il pèse de tout son poids sur la » seule matière que la nature et l'industrie y puis- » sent faire prospérer, et que, en la chargeant de taxes » élevées, on nuit au développement que les richesses » de leur sol auraient pu atteindre à l'ombre d'une lé- » gislation sage et paternelle. »

Il me semble d'abord qu'il est inutile de répondre par de longs raisonnemens à la dernière partie de l'objection. Comme je l'ai déjà démontré, le chiffre de l'impôt est fort modéré si on le compare au chiffre de la matière sur laquelle il porte. Ce n'est pas là qu'il faut chercher la cause du malaise qui tourmente les départemens du midi, car les droits qui pèsent sur les liquides ne sont pas de nature à exercer, sur la consommation, une influence fâcheuse pour les pays vignobles.

Si je ne me fais illusion, il ne me sera pas plus difficile de détruire la deuxième partie de l'argument que je combats. En effet, soutenir que ce sont les départemens du midi qui ont à supporter le poids des impôts perçus sur des vins consommés sur d'autres points de notre territoire, c'est avancer un paradoxe dont l'examen le plus léger fera aisément justice. Il existe en France des objets de grande consommation frappés de taxes beaucoup plus élevées que celles qui existent sur les boissons. Les sels, par exemple, supportent un droit dix ou douze fois plus fort que leur valeur intrinsèque. Les propriétaires de salines ont aussi fait entendre de vives réclamations; ils avaient, eux, le droit de déclarer que le fisc faisait un tort grave à leur industrie; car, si notre situation financière permettait de supprimer, comme en Angleterre, les droits pesant sur les sels, leur commerce prendrait une extension telle qu'il est impossible d'en poser les limites. Mais jamais ils n'ont soutenu que les cinquante-cinq millions, produits annuels de cette nature d'impôts, étaient par eux versés au trésor; ils savent fort bien que ce sont les consommateurs seuls qui sont appelés à faire face à cette partie du revenu public. J'aime à croire que les avocats des propriétaires de vignes, après avoir médité sur ce rapprochement dont je ne me donnerai pas la peine de tirer les conséquences pour ce qui concerne les boissons, avoueront que la vérité ne servait pas de base à leur argumentation, et n'oseront plus étayer leur cause de principes qu'une minute de discussion peut renverser.

Si donc le midi de la France voit son industrie défleurir, la misère envahir ses campagnes, l'usure à la veille d'absorber ses richesses territoriales, les produits de son sol manquer de débouchés prompts et avantageux, il ne doit pas attribuer à la législation sur les boissons des malheurs, qui appellent toute la sollicitude du gouvernement, mais qui ont leur source dans des causes qui remontent à des temps déjà éloignés de nous, et que je vais expliquer le plus brièvement qu'il me sera possible.

Il est reconnu que, lorsque l'équilibre manque entre la production et la consommation, lorsque celle-ci ne peut atteindre le degré de celle-là, alors les produits indigènes tombent dans une défaveur marquée, car il y a encombrement sur les marchés : c'est à l'aide de ce principe qu'on peut se rendre compte de la baisse du prix des grains. Or, d'un côté, la culture de la vigne a pris en France, depuis 1789, une très-grande extension, puisque le chiffre de la matière récoltée a été doublé; d'un autre, la population n'a pas suivi cette progression, et les exportations n'ont presque pas varié depuis le commencement de la révolution : il est résulté de là que les vins n'ont pu se consommer, qu'il y a eu encombrement de marchandises, et, par conséquent, avilissement dans le cours, et qu'une récolte abondante est un fléau pour le midi de la France. Voilà la cause du malaise qui le travaille depuis plusieurs années.

A présent, irai-je, appuyé sur tous ces faits, lui déclarer que les malheurs dont il se plaint si amèrement sont son propre ouvrage; que, s'il est tombé dans le précipice, c'est que, tout entier au présent, il n'a pas ouvert les yeux sur les besoins de l'avenir? Une semblable conduite ne serait pas généreuse : je ne veux pas insulter à ses misères, que je plains sincèrement, et auxquelles, il faut l'espérer, on saura appliquer le remède que l'état des choses commande impérieusement. Mais je dirai aux habitans des contrées méridionales. « Cessez de vous soulever contre une législation » qui vous traite avec douceur, qui ne nuit pas à la » consommation de vos produits naturels, qui vous » ouvre les portes des marchés étrangers. Peut-être » serait-il à désirer que quelques tarifs fussent modi» fiés; que l'importation des produits exotiques contre » lesquels vous échangez les richesses de votre sol, fût » favorisée par une diminution dans les droits qui les » frappent à nos frontières. Le gouvernement s'occupe » de la révision du code des douanes; vos plaintes au» ront été sans doute écoutées : justice leur sera faite. » Mais ne comptez sur le triomphe de vos principes, » que lorsque vous ne sortirez pas de la sphère tracée, » par notre constitution, aux hommes qui ont des » griefs à faire entendre. La liberté de la presse est une » arme puissante à l'époque où nous vivons, vous pou» vez en faire usage. La force brutale, les émeutes » sont des argumens capable de peindre la meilleure » des causes.»

Après avoir répondu aux reproches principaux qui ont été dirigés contre le système des exercices, je vais, tracer en peu de mots, les avantages qu'il présente.

Je ferai d'abord observer qu'il est en harmonie avec le pacte social; puisque les droits sont toujours basés sur la quantité vendue et sur les prix des liquides livrés à la consommation. De plus, il n'exige aucune avance de la part des contribuables. Les sommes qu'ils versent dans les caisses du gouvernement suivent toutes les variations de leur commerce, sont toujours subordonnées à la prospérité ou à la décadence de leur industrie. C'est vraiment quelque chose d'admirable que l'esprit de proportionnalité qui a présidé à la création de notre législation ! Tout le monde devrait lui rendre hommage, car elle repose sur la justice. Dans tous les autres systèmes, on aurait à craindre que la meilleure intention n'égarât les répartiteurs; que le démon de la vengeance ne dictât maintes délibérations; que la pauvreté sans appui ne fût sacrifiée à la richesse, qui, aux yeux de certaines personnes, a des droits acquis à toutes les faveurs. Rien de cela n'est possible sous l'empire du code qui régit les contributions indirectes. L'arbitraire et lui ne peuvent marcher de front. Ici, on ne connaît qu'une chose, la légalité; ici, le débitant qui voit son industrie à la veille de tomber en ruine, ne craint pas que la main du fisc précipite sa chute; ici, il est assez difficile que des commerces clandestins entrent en concurrence avec les auberges soumises à l'action des employés; car une active surveillance a bientôt fait découvrir les lieux où la fraude tient débit. La législation, toute paternelle, a laissé aux directeurs la faculté de graduer l'amende encourue par des délinquans sur leurs ressources pécuniaires, sur le degré de culpabilité. Ainsi, point de punitions en disproportion avec les fortunes, point de ces peines qui frappent avec la même force sur des contraventions de nature et de valeur différentes.

L'on se tromperait beaucoup si l'on croyait que je vais m'agenouiller devant tous les textes des lois sur lesquelles reposent les exercices. Le temps, ce grand précepteur de l'espèce humaine, fait connaître les modifications que l'on peut introduire dans toutes les institutions. Celle qui nous occupe est loin d'être parfaite; elle prête à la critique; elle hurle avec quelques-unes de nos idées : l'imperfection, voilà le cachet que portent toutes les choses qui sont l'ouvrage de l'homme. N'exigeons pas qu'il sorte de sa nature, car ce serait exiger l'impossible. Ne frappons pas de notre réprobation les systèmes qui laisseraient même beaucoup à désirer, car ce n'est qu'à cette condition qu'on en peut créer. Après quelques années de services dans la régie des contributions indirectes, j'ose présenter quelques réformes que l'on pourrait effectuer dans la législation qui lui sert de base.

Selon moi, l'on s'est élevé, avec raison, contre la disposition législative qui accorde aux débitans de crû une remise de 25 pour 0/0 sur les droits. Ce privilége ne repose pas sur la justice. En effet, je conçois, quoique je ne l'approuve pas, que les propriétaires récoltans ne paient aucune taxe sur les boissons qu'ils destinent à leur usage; mais, lorsque ces personnes sortent de la catégorie des propriétaires, lorsqu'elles prennent pour un instant l'habit de débitant, pourquoi établir en leur faveur une exception? Pourquoi les favoriser d'une manière si ouverte? Serait-ce parce que toutes elles jouissent d'une certaine fortune? Le texte de loi que je combats n'est conforme ni à l'esprit, ni à la lettre de la charte, et je désirerais que les débitans de crû fussent forcés de rentrer dans le droit commun, et soumis à toutes les obligations imposées aux personnes qui exploitent la même branche de commerce.

Il existe actuellement dans plusieurs villes des sociétés d'hommes qui causent à l'industrie des débitans un tort extrêmement grave. Ces sociétés peuvent, en général, être assimilées à des lieux de débit qui sauraient se mettre à l'abri des droits de détail. Il serait à souhaiter que l'on pût faire cesser un pareil état de choses; mais la loi, jusqu'ici, est impuissante pour détruire un genre de fraude qui était échappé à la perspicacité du législateur. Je propose la création d'un droit de licence pour les sociétés où l'on consomme des boissons. On pourrait établir des classes, dont les prix seraient basés sur le chiffre de la population agglomérée et sur le nombre des sociétaires.

Si les boissons qui se vendent dans les lieux de débit étaient frappés d'une taxe qui fût la même, dans toute la France, pour chaque espèce, les exercices seraient débarrassés de la cause principale des contestations qui s'élèvent entre la régie et les débitans. Je n'ignore pas qu'il serait de la plus grande injustice d'appliquer ces principes à tous les liquides qui se consomment sur notre territoire; que, dans l'intérêt des classes ouvrières, on doit s'opposer à ce que les vins de Suresne, par exemple, supportent les mêmes charges que ceux de Bordeaux. Mais ne pourrait-on pas soumettre les cidres au système du droit unique? Ce mode de perception a été adopté pour les eaux-de-vie, dont la valeur est loin d'être partout la même. Aucune réclamation ne s'est pourtant fait entendre à ce sujet, et la taxe qui se lève sur cette nature de boissons se perçoit avec une très-grande facilité. D'ailleurs, les cidres ne se consomment pas sur tous les points de la France. Dans les contrées où l'on en fait usage, on ne remarque pas une grande différence dans les prix de vente. Je crois donc que le projet que je présente offre des avantages assez notables, pour qu'il soit accueilli par les personnes qui ont, comme moi, le désir d'introduire dans le système actuel toutes les améliorations qu'il comporte.

Le reproche le plus grave et le mieux fondé qui ait étédirigé contre la législation régissant la matière dont nous nous occupons, c'est qu'à l'entrée des villes, elle impose, aux conducteurs de boissons, des formalités qui sont de nature à entraver le commerce, et qu'elle répartit inégalement l'impôt, en déchargeant les campagnes au détrimentdes villes. Je propose donc la suppression des droits d'entrée; mais, pour que cette mesure ait tous les avantages que j'en veux retirer, il faut, de toute nécessité, que les conseils municipaux fassent le sacrifice des revenus que le droit d'octroi sur les boissons fait entrer dans la caisse du receveur communal. Sans doute que les représentans de toutes les localités qui comptent, pour faire face à des engagemens sacrés, sur la somme dont je les supplie de faire l'abandon, vont répondre, à l'exposé de mon système, par des cris désapprobateurs. Sans doute qu'ils vont lancer un acte d'accusation contre un écrivain qui s'attaque aux recettes des communes, qui émet des idées dont l'adoption leur fait entrevoir un déficit capable de les épouvanter. Quoi! plusieurs conseils municipaux n'ont pas d'expressions assez énergiques pour flétrir, non seulement les exercices, mais encore l'impôt qui pèse sur les boissons; et lorsque, confiant dans de solennelles délibérations qu'ils ont livrées à la publicité, je les prie de supprimer les droits d'octroi qui frappent les liquides, ils me placent dans la catégorie des perturbateurs de l'ordre public! Singulière chose! on déclare, à la face du pays, que les boissons ne doivent pas êtres imposées, et c'est sur elles qu'on fait reposer la prospérité du revenu de la commune! Mais c'est donner un démenti éclatant à ses paroles; c'est proclamer, par ses actes, que les liquides sont matière essentiellement imposable, et qu'un impôt de consommation a de vives et profondes racines en France! Et pourquoi ne voudrait-on pas que le gouvernement partageât cette opinion? Je ne m'attendais pas à voir mes adversaires appuyer avec tant de force les principes que je soutiens dans cette brochure. Néanmoins, j'espère que, pour être conséquens avec eux-mêmes, ils s'empresseront d'adopter mes idées, et ne balanceront pas à reporter, sur d'autres objets, les droits qu'ils retirent des boissons, droits qui, dans certaines localités, sont six fois plus élevés que ceux d'entrée, et forment une des causes principales des résistances que la régie a éprouvées sur quelques points du royaume.

Je l'avoue, il est plus facile de démolir que d'édifier; il est plus facile d'attaquer un système que de lui en substituer un autre que l'opinion publique accueille avec faveur. J'ai enlevé au trésor douze ou treize millions. Or, je veux que l'impôt produise, au moins, autant que par le passé. Je me suis donc chargé de la tâche de trouver les moyens de remplacer la somme que j'ai fait disparaître du revenu public.

Un fait qui a frappé tous les bons esprits livrés à l'étude de la matière que nous traitons, c'est que les droits de circulation n'entrent pas pour une assez forte somme dans les recettes de l'état. En 1832, ils n'ont produit que 3,778,710 francs 74 centimes. Il est évident que ce chiffre n'est pas assez élevé si l'on veut répartir l'impôt d'après le sens de notre constitution. Il y a ici privilége en faveur de la classe la plus riche de la société, celle des propriétaires. il serait donc juste qu'on élevât le tarif des droits de circulation. Je propose de le doubler. En opérant cette modification importante dans le code qui régit l'administration des contributions indirectes, on augmenterait, de plus de quatre millions, les droits qui pèsent sur les boissons; car le débitant n'aurait plus un grand intérêt à faire introduire, à l'aide d'un congé, dans le domicile d'un voisin, des boissons destinées à alimenter son commerce, et qui échappent, de cette manière, aux droits de détail qui devraient les frapper. La fraude verrait donc se tarir la source la plus abondante des moyens qu'elle emploie pour soustraire au trésor des taxes qui lui sont dues; l'impôt serait réparti plus constitutionnellement. Aussi, je me flatte de l'espoir que mes adversaires, qui ont pourtant, jusqu'ici, fait une opposition systématique, accueilleront, par des bravos, les idées que je viens d'émettre, car elles sont en harmonie avec les doctrines qu'ils ont professées.

Quoique les droits de détail aient été diminués d'un tiers, les boissons qui se vendent dans les lieux de débit n'ont pas éprouvé, dans leur cours, de variations sensibles. Les consommateurs n'ont donc pas profité de ce dégrèvement, qui est entré dans la bourse des commerçans de boissons. Je puis donc, sans craindre que l'on me soupçonne d'être l'avocat des classes privilégiées de la fortune, proposer de fixer à douze pour cent la taxe de détail. Cette nouvelle disposition occasionnerait, sur cette nature de droits, une augmentation de huit à neuf millions. Ainsi, j'ai déjà comblé le déficit que j'avais créé. Pourtant, il serait de toute justice que les droits sur les bières fussent élevés dans la même proportion que ceux sur les vins, que les cidres supportassent leur part du fardeau public, et que la taxe unique existant à Paris subît le même mouvement d'ascension.

Un point sur lequel les partis qui arborent les drapeaux les plus opposés se sont une fois trouvés d'accord, c'est qu'il serait à souhaiter que le luxe n'échappât pas à l'impôt. J'adopte vivement cette opinion, que toutes les écoles ont partagée. Mais je ne me contenterai pas de prêcher les principes; je vais les soumettre à l'action de la pratique. Les spiritueux, tout le monde en conviendra, doivent être classés parmi les objets de luxe. Je désire qu'abrogeant la loi du 12 décembre 1830, on les frappe d'un droit de cinquante francs par hectolitre d'alcool. Ce serait faire revivre une disposition législative contre laquelle il ne s'était pas élevé beaucoup de réclamations et qu'on aurait dû respecter.

Quoique j'aie long-temps médité sur le système qui régit l'impôt des boissons, quoique j'aie souvent réfléchi aux perfectionnemens qu'on pouvait lui faire subir, il serait téméraire à moi d'avancer qu'il ne peut supporter que les améliorations que je viens d'indiquer. Il n'appartient qu'aux écrivains qui s'affublent du manteau du charlatanisme de vouloir marquer du cachet de la perfection les principes qu'ils ont développés. Je crois donc qu'il serait possible d'introduire, dans la législation sur laquelle repose l'administration des contributions indirectes, d'autres dispositions dont l'expérience aurait pu faire sentir la sagesse et l'utilité; mais je suis intimement persuadé que, si les pouvoirs de l'état accordaient leur sanction aux réformes que j'ai soumises à l'attention publique, les exercices ne soulèveraient plus contre eux autant de réclamations que par le passé. L'ordre ne serait plus troublé par ces émeutes que les ennemis de la prospérité de la France et du progrès social ont réussi à organiser contre l'impôt des boissons ; car il serait mieux réparti, car il prêterait moins à la critique de ces hommes qui s'adressent toujours, non au jugement, mais aux passions des habitans du Midi. Le commerce en recevrait une salutaire influence, puisqu'il ne peut fleurir qu'à l'ombre de la tranquillité intérieure. La civilisation ne serait plus arrêtée par ces essais toujours avortés de force brutale, qui nuisent essentiellement à sa marche. Ce n'est qu'au sein d'une société qui ne se laisse pas agiter par le vent de l'esprit de parti qu'elle peut étendre son empire.

Loin de moi pourtant la prétentieuse idée que l'adoption de mon projet de réforme eût la puissance de désarmer mes adversaires ! Elle n'opèrerait pas ce miracle. L'impôt des boissons serait encore en butte à de vives attaques, à des préventions dont les lumières feront justice. Je veux seulement dire que, le mode de perception étant plus parfait, les masses finiraient par se pénétrer de l'esprit d'équité qui aurait présidé à sa formation, et ne seraient plus le jouet des personnes qui ont un intérêt quelconque à les soulever contre la législation existante. Ce serait donc rendre un service à la société que d'accueillir favorablement les changemens que je veux faire subir à l'assiette de l'impôt ; ce serait peut-être aussi mériter la reconnaissance des agens que le pouvoir exécutif a chargés de le percevoir. Ceci me conduit à examiner la question du personnel, à le venger des préjugés et des préventions qui l'entourent, des calomnies à l'aide desquelles on a cherché et peut-être réussi à le noircir aux yeux de l'opinion publique.

Je sens tout ce qu'il y a de délicat dans la tâche que je m'impose; je n'ignore pas que, partie intéressée dans cette affaire, mes éloges n'auront pas le même prix que s'ils sortaient de la bouche d'une personne étrangère à l'administration; j'avouerai, sans peine, que le sujet que je vais traiter exigerait, pour être bien rempli, une plume plus exercée et plus éloquente que la mienne. Toutes ces considérations, néanmoins, ne peuvent faire reculer une conviction profonde et un vif désir de manifester hautement des idées qui m'ont été inspirées, non par l'esprit de corps, mais par l'observation.

A l'époque où le plus grand homme des temps modernes, dans le but de restaurer les finances de l'état, rétablit sur les boissons un impôt que la république avait détruit, le génie de la gloire fascinait tous les yeux. La jeunesse, élevée qu'elle était au bruit des immortelles batailles que Napoléon avait déjà inscrites aux fastes de la France, entrait, avec enthousiasme, dans la carrière des armes. Le moment n'était pas favorable pour organiser une administration; force était d'accepter les services de toutes les personnes qui se présentaient. On ne s'enquérait ni de leur conduite, ni de l'éducation qu'elles avaient reçues. Quelques emplois supérieurs furent même octroyés sans discernement. Il résulta de là que, dans l'origine, le personnel de la régie ne se recommandait pas par toutes ces qualités propres à lui concilier l'affection de l'opinion publique; que des employés, poussés par un zèle aveugle, privés des connaissances nécessaires pour se pénétrer de l'esprit des lois, commirent des actes que l'administration fut la première à blâmer, mais qui firent naître, contre les agens des contributions indirectes, des préventions qui n'étaient pas dénuées de fondement.

Pourtant, l'étoile de Bonaparte avait pâli : Waterloo l'avait poussé jusqu'à Sainte-Hélène. La paix laissait beaucoup de bras oisifs. Alors l'administration épura le cadre de ses employés. Des jeunes gens distingués furent substitués aux hommes qui faisaient la honte du corps auquel ils appartenaient, mais qu'on avait jusque là conservés, parce qu'il y avait pénurie de sujets. A force d'épurations, d'admissions à la retraite, on est parvenu à obtenir un personnel qui se présente au public sous les auspices de la conduite, de la bonne tenue et de l'instruction. Malgré cela, une sorte de défaveur l'accueille sur beaucoup de points de notre territoire. Il est la victime des préjugés et des préventions. On ne veut pas se donner la peine d'ouvrir les yeux à la vérité. On le croit le même que sous l'empire, et on le condamne sans le voir, sans l'entendre! Aurait-il, lui aussi, un péché originel à expier? Les employés de 1834 sont-ils responsables des fautes commises par leurs aînés et qu'ils sont les premiers à stygmatiser? Quelle est donc la cause de cette prévention traditionnelle qui s'attache à leurs fonctions? Auraient-elles quelque chose d'avilissant pour l'espèce humaine? Sous l'ancienne monarchie, n'étaient-ce pas les jeunes gens de famille qui les remplissaient? Ne se trouvait-on pas alors glorifié d'être employé des *aides?* Depuis cette époque, la civilisation a fait des progrès immenses ; et nous n'avons pas la force de nous débarrasser de quelques préjugés qui ne salissent pas du moins l'histoire d'un régime sous lequel la France ne voudrait plus vivre ! Quels sont donc les reproches que l'on puisse adresser aux agens du fisc ? Soutiendra-t-on que, foulant aux pieds leurs devoirs, faisant taire le cri de leur conscience, ils s'enrichissent aux dépens des contribuables ! Mais une semblable accusation tomberait devant le bon sens des masses, devant leur conduite, qu'ils ne craignent pas de soumettre au tribunal de l'opinion publique. D'ailleurs, un grief aussi grave disparaît dès lors qu'il n'est pas appuyé sur des faits. Où sont donc, dirai-je aux calomniateurs des préposés des contributions indirectes, les arrêts qui, les flétrissant du titre de concussionnaires, les livrent au mépris de la société ? Vous n'en pouvez produire. Avouez donc qu'ils apportent, dans l'exercice de leurs fonctions, cette délicatesse qui est l'apanage des hommes d'honneur. Prétendra-t-on que, abusant de l'élasticité de quelques textes de lois, ils se font un jeu cruel de se livrer, à l'égard des débitans, à toute sorte de vexations ! Mais il suffit de les accompagner dans le cours de leurs opérations pour se convaincre qu'ils ne se départissent point de cet esprit de modération et de politesse qui devrait être toujours le trait caractéristique des personnes qui ont reçu une éducation distinguée, et que, si quelque fois ils appellent à leurs secours toute la sévérité de la législation, c'est que les hauts intérêts qui leur sont confiés par le trésor leur en font un devoir devant lequel ils ne peuvent reculer. Osera-t-on leur faire un crime de compter, dans leurs rangs, des hommes qui salissent, par leur conduite, l'emploi dont ils sont revêtus ! En vérité, au 19e siècle, devrait-on s'attendre à combattre de semblables objections ? Est-ce que l'on voudrait exiger que l'administration n'ouvrît ses portes qu'aux personnes vertueuses ? Dans ce cas, je ne sais où elle irait chercher ses élus. Il faut prendre l'humanité telle qu'elle est, avec ses qualités et ses défauts. Sachons faire la part du bien et du mal ; ne sortons pas du cercle des généralités ; et nous conviendrons, sans peine, que le personnel de la régie est composé d'aussi bons élémens que les autres administrations.

Ne suis-je pas, maintenant, en droit d'avancer que les préventions seules ont eu la puissance de discréditer dans l'opinion publique les agens des contributions indirectes ? Jusques à quand, l'humanité subira-t-elle le joug de ces causes d'erreurs ? Jusques à quand, traînée à la remorque de toutes les passions, la société sera-t-elle l'esclave des sophismes et des préjugés ? Sommes-nous éloignés de l'époque où la VÉRITÉ se dégagera des nuages où elle est encore enveloppée ? N'arrivera-t-il pas un temps où, faisant abstraction de la naissance, de la fortune, de la position administrative, on n'estimera l'homme qu'au poids de ses vertus, de ses facultés intellectuelles ? L'AVENIR, je n'en fais pas l'objet d'un doute, réalisera quelques-uns des rêves de la philanthropie. La civilisation, dans sa marche victorieuse, a déjà renversé bien des choses qui n'avaient pas pour elles la sanction du bon sens. Il lui reste encore beaucoup à faire pour régénérer l'espèce humaine : elle ne manquera pas à sa noble mission. La France, qui est déjà la reine du monde civilisé, est appelée à jouir de tous ses bienfaits. La génération qui s'élève dans son sein n'aura pas les défauts de celles qui l'ont précédée. Formée qu'elle est à l'école de la plus haute philosophie, elle n'aura d'autels que pour l'instruction et les vertus civiques. Alors, le règne du charlatanisme sera détruit; alors les hommes qui, pour servir les intérêts de leur ambition, se couvriront du manteau populaire, seront l'objet de l'indignation publique. Alors, les fautes de quelques agens ne rejailliront plus sur l'administration entière. On verra toutes les parties de la France se modeler sur une province généreuse, qui a donné le jour aux plus grandes illustrations du siècle, je veux dire, sur la Bretagne, qui, plus avancée qu'on ne le croit dans la civilisation, accorde une touchante hospitalité à tous les employés du gouvernement. On ne voudra pas violer les engagemens les plus sacrés et les plus solennels, puisqu'ils sont inscrits aux codes de nos lois, en détruisant la législation qui sert de base aux pensions de retraite (1) et sur laquelle les agens du pouvoir exécutif faisaient reposer tout leur avenir. On ne proposera plus de frapper quelques dispositions législatives de la marque monstrueuse de la rétroactivité, en soumettant à leur action des personnes qui étaient entrées dans la carrière épineuse des emplois publics à une époque où d'autres textes de lois leur assuraient du

---

(1) La discussion des différens systèmes de retraite qui ont été soumis à la chambre des députés entrerait dans le cadre de cet ouvrage; mais M. le ministre des finances a traité ce sujet avec un talent si remarquable, qu'il serait téméraire à moi de vouloir glaner après lui. Ses paroles ont retrempé le courage des employés du gouvernement, dont quelques faiseurs de projets avaient essayé de renverser tout l'avenir. Le nom de M. Humann sera cher aux administrations publiques, dont il s'est constitué le chaleureux défenseur.

pain pour leurs vieux jours. Alors, pour prix des services rendus à l'état, d'une existence consacrée à des travaux pénibles, vouée à toutes sortes de déboires, balottée par les préventions et les préjugés, on ne trouvera pas un législateur capable de présenter un système sur les retraites qui n'offrît d'autres avantages aux employés du gouvernement que la perspective de l'hôpital pour eux et de la misère pour leur famille !...

Je termine ici mes observations. Je ne me flatte pas de l'espoir qu'elles rencontreront des sympathies chez tous mes lecteurs. Néanmoins, je ne crains pas de les livrer à la publicité. Peut-être jetteront-elles quelque lumière sur des questions qui ont été, dans ces derniers temps, l'objet des plus vives controverses; peut-être détruiront-elles quelques préventions, quelques sophismes. Dans tous les cas, l'impôt des boissons préoccupe vivement l'opinion publique. Tout ce qui s'y rattache doit être accueilli avec intérêt et mûri par la réflexion.

NAPOLÉON LE MESL (des Côtes-du-Nord).

Château-Gontier, août 1834.

ANGERS. IMPRIMERIE DE ERNEST LE SOURD.

www.ingramcontent.com/pod-product-compliance
Lightning Source LLC
Chambersburg PA
CBHW071305200326
41521CB00009B/1909

* 9 7 8 2 0 1 3 5 1 2 9 7 8 *